パリ音楽院の方式による **フーガ書法**

山口博史 著

音楽之友社

## はじめに

　学習フーガ（フューグ・デコール fugue d'école）の学習は、音楽理論の教育が体系化され発達した19世紀～20世紀のパリ国立高等音楽院（以下、パリ音楽院）で整備され、発展してきた。「良き作曲家が知るべきすべてが、フーガには含まれている。すべての楽曲のなかにフーガは存在する」（『ケルビーニ　対位法とフーガ講座』小鍛冶邦隆訳）というケルビーニの言葉や、「さまざまな分水嶺から集めた水脈が大きな潮流となって」（『フーガ』マルセル・ビッチ、ジャン・ボンフィス共著／池内友次郎監修／余田安広訳）というビッチの言葉は、フーガに対する彼らの考え方を示している。

　音楽史的に見て、フーガとは中世ルネサンス時代からの通模倣形式がJ. S. バッハの深い芸術的な様式の中でひとつの完成を見、古典派以後も部分的に継承され、20世紀（例：メシアン）まで生きているという歴史的な面と同時に、作曲を学ぶ学生にとって「フーガを学ぶことは必須のもの」と言われる。パリ音楽院では和声・対位法と共に書式教育（エクリチュール écriture）の中心であり、日本においても2013年まで何十年も東京藝術大学の作曲科入試の必須科目であり、今は入学後にすべての作曲科学生の必修として学ばれている。国立音楽大学でも作曲科の学生は2年まで必修で学び、すぐれた学生のフーガ作品を中心に1985年以来毎年おこなわれる「フーガ作品演奏会」は2014年に30回目を迎えた。作曲理論の大学院生たちは管弦楽のためのスティル・ラヴェル style Ravel、スティル・フランク style Franck、スティル・モザール style Mozart などの美しいフーガ作品を書きついでいる。このように、フーガ学習が教育的に有効であるという事実は、注目に値する。

　ところが、フーガ実習のためのよい理論書はほとんどない。池内氏の名著は絶版であり、島岡譲氏、野田暉行氏の著書は一部で出回っているにすぎない。私の尊敬するデュボワ Dubois, デュプレ Dupré, ケックラン Koechlin らの著書は訳がなく古い。ケルビーニの本は深いが古色蒼然としている。私は30年以上の音楽大学での教育経験をもとに、なるべくわかりやすい実習の書を書きたいとペンをとった。

　この本は学習フーガの手ほどきを目標としているが、私の望みは、フーガの偉大な精神に近づく第一歩になればうれしいということである。

　はじめに「規則のきびしさ」に驚く学生たちにはなかなか信じてもらえないが、フーガの精神は対位法と和声の総合であり、要は「限りない自由さ」の追求なのである。

2015年12月

山　口　博　史

# 目　次

はじめに ……………………………………………………………………………………………… 3
学習の進め方 ………………………………………………………………………………………… 6
楽譜に使われている語 ……………………………………………………………………………… 7

## 第1章　フーガについて ………………………………………………………………………… 11
　　1　フーガについて ……………………………………………………………………………… 12
　　2　J. S. バッハのフーガ ………………………………………………………………………… 12
　　3　J. S. バッハ以後 ……………………………………………………………………………… 12

## 第2章　学習フーガの効用 ……………………………………………………………………… 15

## 第3章　簡単な2声及び3声フーガを書く …………………………………………………… 19
　　2声のフーガ ……………………………………………………………………………………… 24
　　3声のクラヴィーアのための小フーガを書く練習 …………………………………………… 27

## 第4章　4声体の学習フーガ …………………………………………………………………… 33
　　1　主唱 …………………………………………………………………………………………… 34
　　2　答唱 …………………………………………………………………………………………… 35
　　3　変応および真正追迫 ………………………………………………………………………… 36
　　4　対唱の作り方 ………………………………………………………………………………… 39
　　5　学習フーガの作成 …………………………………………………………………………… 40
　　学習フーガ作例1 ………………………………………………………………………………… 49
　　学習フーガ作例2 ………………………………………………………………………………… 53
　　学習フーガ作例3 ………………………………………………………………………………… 59

# 第5章　フーガのさまざまな形式 ································· 65
　学習フーガ　ハ短調 ················································· 70
　パリ音楽院の中間試験の作品 ······································ 74
　5声の二重フーガ ···················································· 78


# 第6章　フーガのさまざまな様式 ································· 85
　style Bach（オルガン・フーガ） ································· 94
　style Mozart（木管トリオのための） ····························· 99
　style Beethoven（弦楽四重奏のフーガ） ······················· 105
　style Schumann（弦楽四重奏のための二重フーガ） ·········· 112
　style Franck（弦楽四重奏のための二重フーガ） ·············· 118
　style Ravel（弦楽四重奏のフーガ） ···························· 124


　p.22〜p.23の主唱に対する調的答唱と真正追迫の組み合わせ ······ 129
　主唱集 ······································································ 131
　おわりに ··································································· 135

# 学 習 の 進 め 方

1）学習フーガを、このテキストを読みつつ書いてみる。主唱から①調的答唱をつくる　②真正追迫で確かめる　③よい対唱をつくる（これが大切である）　④主要提示部を書く　⑤第2提示部、第3提示部とそれらをはさむ第1〜3の間奏を書く　⑥追迫部を書く

　第3章をモデルに2声及び3声鍵盤用フーガを書いたのち、第4章をモデルに4声声楽用フーガを書くとよい。

2）①音楽史に興味をもち、中世の対位法的な楽曲をよく聴いたり弾いたりする。
　　②厳格対位法3声までやっておくと力になる。
　　③コラールはじめバッハの楽曲を細かく分析する。

　とくに《平均律クラヴィーア曲集》Ⅰ、Ⅱ巻（BWV846-893）、オルガン様式の前奏曲、ファンタジア、トッカータ付きフーガ（BWV531-548）、《フーガの技法》（BWV1080）、《音楽の捧げ物》（BWV1079）などはおすすめである。

　1）、2）を別々に学習し、最後にstyle Bachの器楽のフーガを書いてみよう。興味のある人はJ. S. バッハをモデルにしたさまざまなフーガ（例えば私の著書『厳格対位法』の例 p.147〜150 にある「鏡のフーガ」等も興味深い）、第6章にあるさまざまな作曲家と編成のスタイルによるフーガ、自作の主唱によるフーガ等も試してみること。

　J. S. バッハのフーガは、もともと均整がとれた「調性の遊び」である。

　一方、例えばバルトーク（《弦・打楽器とチェレスタのための音楽》）における拡大された調の構成、ラヴェル（旋法）、メシアン（無調）のフーガ等も研究するとおもしろい。

# 楽譜に使われている語

S, S1, S2　主唱、第1主唱、第2主唱
R　答唱
C. S.　対唱
Relatif　平行調
Sous-Dominante, S. D.　下属調
mineur　短調
majeur　長調
ut, re, mi, fa, sol, la, si　ド、レ、ミ、ファ、ソ、ラ、シ
$m^t$. contraire, m. c.　反行形（$m^t$. = mouvement）
divertissement, div.　間奏（嬉遊部）
$1^{er}$, $2^e$, $3^e$　第1、第2、第3
strette　追迫
strette véritable　真正追迫
mesure　小節
une　1つの
demi　半分の
en augmentation, augment　拡大形
superposition　同時提示

## 第4章
### 学習フーガ作例2（p.53）
$1^{er}$ divertissement (par la fin du C. S.)　第1間奏（対唱の終わりの部分による）
Exposition Relatif　提示部（平行調）
Exposition Sous-Dominante　提示部（下属調）
Sous-Dominante-Relatif　下属調の平行調
$3^e$ divertissement (par 2 éléments)　第3間奏（2つの要素による）
tête de a $m^t$. contraire en augmentation　a の冒頭の反行形の拡大形
strette dans les tons voisins　近親調での追迫

### 学習フーガ作例3（p.59）
$1^{er}$ div. (sur la fin du C. S.)　第1間奏（対唱の終わりの部分による）
relatif mineur　平行短調
$2^e$ div. (par 2 éléments du S)　第2間奏（主唱の2つの要素による）
strette du C. S.　対唱による追迫

## 第5章
### 学習フーガ　ハ短調（p.70）

Sujet: à la Sous-Dominante avec Canon 3 voix par m$^t$. contraire de l'élément de 2$^e$ divertissement
　下属調での主唱：第2間奏の要素の反行形によるカノン（3声）

Relatif de la Sous-Dominante　下属調の平行調

4 entrées à la 2 mesures　2小節ごとに4声の入り

Canons plus rapprochés, à la 1 mesure et demi　より近接したカノン、1小節と半小節

strette véritable canon à la 1 mesure　真正追迫　1小節のカノン

Coda: canon à la demi mesure　コーダ：半小節のカノン

### パリ音楽院の中間試験の作品（p.74）

1$^{er}$ div. (sur fin du S)　第1間奏（主唱の終わりの部分による）

Sujet T. rel.　平行調の主唱

Reponse Dom rel.　属調の平行調の答唱

2$^{er}$ div. sur coda et élément de S　コーダと主唱の要素による第2間奏

C. S. contr.　対唱の反行形

augm.　拡大形

dim.　縮小形

dim. contr. 縮小形の反行形

### 5声の二重フーガ（p.78）

Exposition 1$^{er}$ sujet　第1主唱の提示部

1$^{er}$ strette relatif à l'8 oc　平行調におけるオクターヴの追迫　第1追迫

3$^e$ strette-Sous-Dom　第3追迫　下属調

4$^e$ strette-Dom　第4追迫　属調

5$^e$ strette entre Sujet et Reponse-ton principal　第5追迫　主唱と答唱の間で、主調による

Exposition 2$^e$ sujet　第2主唱の提示部

1$^{er}$ superposition（Dom）　第1の同時提示（属調）

cadence　カデンツ

2$^e$ superposition（ton principal sur pédale）　第2の同時提示（保続音上の主調）

3$^e$ superposition（Sous-Dom）　第3の同時提示（下属調）

## 第6章
### style Bach（オルガン・フーガ）（p.94）

Relatif majeur　平行長調

canon du sujet（3 voix）　主唱のカノン（3声）

Relatif de la S. D.（Canon du sujet m. c.）　下属調の平行調（主唱の反行形のカノン）

2$^e$ sujet　第2主唱

Canon du S2　第2主唱のカノン

## style Mozart（木管トリオのための）(p.99)
Introduction　序奏（山口のオリジナル）
M. B. の主題　（マルセル・ビッチに与えられた主唱）
Exposition de C. S. 2　第2対唱の提示部
2$^e$ thème（Fa）　第2主題（ヘ長調）

## style Beethoven（弦楽四重奏のフーガ）(p.105)
divertissement sur la fin du sujet　主唱の終わりの部分による間奏
la tête du S1（m. c.）　S1の冒頭による（反行形）
le m$^t$. contraire du 2$^e$ sujet　第2主唱の反行形
divertissement sur le 2$^e$ sujet m$^t$. contraire　第2主唱の反行形による間奏
Canon du sujet à 4 voix　主唱のカノン（4声）

## style Schumann（弦楽四重奏のための二重フーガ）(p.112)
Superposition de 2 sujets　2つの主唱の同時提示
assez lento　十分に遅く

## style Franck（弦楽四重奏のための二重フーガ）(p.118)
développement　展開部
1$^{er}$ strette 3 voix　第1追迫（3声）
m. d.　順行形
2$^e$ strette 3 voix　第2追迫（3声）
3♪3♪　♪3つ分ずつずれて入っている
1♪1♪　♪1つ分ずつずれて入っている

## style Ravel（弦楽四重奏のフーガ）(p.124)
en dehors　その声部をきわだたせて
Cédez　だんだん遅く
Au Mouv$^t$　もとのテンポで

# 第1章
## フーガについて

## 1　フーガについて

　フーガ（fuga――すなわち逃走）とは、対位法的様式の作曲法であり、17世紀頃あらわれ、18世紀前半、J. S. バッハによって頂点に達した（A. オデール『音楽の形式』吉田秀和訳）。

　オデールによれば、14世紀頃からイタリア人たちはカノンをフーガと名付けていたが、1650年頃から、本当のフーガ作品が書かれ始め、それらはリチェルカーレから生まれた。

　一方ニューグローヴによれば、ジャック・ド・リエージュの文に「フーガ」の名が出てくるのは14世紀とあり、16世紀のヴィンチェンティーノやツァルリーノらは、フーガについてのかなり細かい文を記している。

## 2　J. S. バッハのフーガ

　J. S. バッハ（1685～1750）のフーガ作品は生涯にわたっているが、最後の《フーガの技法》BWV1080（未完）の20曲近いフーガ、《音楽の捧げ物》BWV1079の2つのリチェルカーレ、《平均律クラヴィーア曲集》第1、2巻の48曲、オルガン・フーガ（BWV531-548)、《ロ短調ミサ》BWV232の中のいくつかのフーガ等は、とくに必見である。

　J. S. バッハで留意すべきことは、無数のフーガの傑作がありながら、1曲1曲その世界が違っていることで、構造、構成、形式、求める世界などが多様なので、「バッハのフーガ形式」というようにまとめることができない。

　主唱が構成を決定するというか、その素材を一番よく活かす形式を常にバッハは求めているようだ。とくにフーガではない作品にも、フーガにつながる対位法がちりばめられているので、学習者は学習フーガの勉強とともに、バッハの全作品を日々研究することが望ましい。

## 3　J. S. バッハ以後

　J. S. バッハにより、フーガのひとつの高い峰が築かれたが、フーガの歴史はそこで終わったわけではない。古典派・ロマン派・近代の多くの作曲家はバッハを尊敬し、研究して多くのものを受け継いだが、その一部として「フーガ」も受け継いでいる。一部の作曲家のみ挙げる。

　同時代人ヘンデルは、《メサイア》に「アーメン・コーラス」はじめ、数曲のフーガ書法がみられ、有名な《水上の音楽》でも、序曲に続きフーガがあるが、バッハより歌謡的であり、おおらかで単純である。

　ハイドンは弦楽四重奏曲op. 20の第35、36番のフィナーレに見事なフーガを書いた。交響曲第101番《時計》のフィナーレや、オラトリオ《天地創造》の一部にも見事なフーガ書法がある。

　モーツァルトは、弦楽四重奏曲K387のフィナーレや交響曲第41番《ジュピター》K550のフィナーレのすばらしい対位法が印象的だが、未完の《ハ短調ミサ曲》K427の一部や、レクイエムK626のキリエにもすばらしいフーガがあり、バッハを研究し、さらにモーツァルトらしい新機軸を加えている。《アダージョとフーガ》K546は傑作で、K401のフーガ ト短調も悪くない。自動オルガンのための2曲K594、K608にも壮大なフーガがあり、未完のピアノ曲（K394)、ヴァ

イオリン・ソナタ（K402）など断片も多い。《魔笛》の序曲の第1アレグロもフーガ的、第2幕の2人の修道士のコラールでもフーガ的な書法が使われている。

　ベートーヴェンでは、交響曲《英雄》の第2〜4楽章の途中や、《第九》の盛り上がりの二重フーガも有名である。交響曲第7番の第2楽章の中間部もよくできたフーガである。晩年の《大フーガ》op. 133は傑作、ピアノ・ソナタop.101, 110のフィナーレはフーガで盛り上げている。ピアノ・ソナタ第29番《ハンマークラヴィーア》op. 106のフィナーレはやりすぎと思われるほど、フーガの可能性を探求している。《ミサ・ソレムニス》op. 123や《ディアベリ変奏曲》op. 120のフーガも忘れられない。

　シューベルトでは、ピアノの《さすらい人幻想曲》のフィナーレ、ピアノ連弾曲《幻想曲》のフィナーレに見事なフーガがあり、メンデルスゾーンのピアノ、オルガン等にもすばらしいロマン派のフーガがある。シューマンのオルガン、ピアノのためのフーガも見事である。リストも《バッハの名による幻想曲とフーガ》以下多くのフーガを書く。

　オペラの中のフーガも有名で、ヴァーグナーの《ニュルンベルクのマイスタージンガー》の第2幕第7場、ヴェルディ《ファルスタッフ》、ラヴェルの《子供と呪文（魔法）》の最後もフーガで終わる。

　ドラマチックな「レクイエム」が19世紀にたくさん書かれた。ベルリオーズ《レクイエム》のサンクトゥスのホザナは美しいフーガ、ヴェルディ《レクイエム》にはサンクトゥス8声のフーガがある。ブラームスの《ドイツ・レクイエム》の3、6曲目のフーガはすばらしい。

　セザール・フランク《前奏曲、コラールとフーガ》は傑作である。《前奏曲、フーガと変奏曲》も美しい。ベルリオーズの《幻想交響曲》や、サン＝サーンスの交響曲第3番のフィナーレにもフーガが使われた。ルセルの第3交響曲の第2楽章中間部にも不思議なフーガがある。

　バッハのフーガは、神への賛美の象徴であったが、ベルリオーズでは魔女：悪魔に捧げられている。20世紀になると、ラヴェル《クープランの墓》、ショスタコーヴィチ《24の前奏曲とフーガ》などが生まれる。調性はもつものの、旋法的なフーガである後者のピアノ五重奏曲op. 57のフーガも美しい。ヒンデミット《ルードゥス・トナーリス》は対位法の実験、メシアン《幼子イエスにそそぐ20のまなざし》第6番は無調のフーガである。20世紀でバッハのフーガを受け継いだ傑作はバルトークの《弦・打楽器とチェレスタのための音楽》だろう。調性を拡大解釈した上で、バッハに並ぶ緻密な構成になっている。

# 第2章
## 学習フーガの効用

フーガを書くことは書式（エクリチュール écriture）の勉強において、大変役立つので、19世紀のパリ音楽院の教育の中に採り入れられたのだが、ここで教育のための学習フーガの「型」がつくられた。前述のように、バッハの実作品にはいろいろな形があって、「自由」なので、それをひとつの形にまとめることは不可能であるが、一般にフーガの形として最も常識的であると思われる形がだんだん整備され、学習フーガの形が作られた。

デュボワ氏の著書『Traité de contrepoint et de fugue』(1901) と島岡氏の著書『フーガの実習』(国立音楽大学売店のみで販売) を比べると、学習フーガの形はずいぶん違っている。デュボワの本は2声、3声、4声から始まり、最後は6声、7声のフーガの範例まで載っている。島岡氏の本はより調性的で、機能和声から外れていない。

フーガの構造

| | 第1提示部 | | | | | 第2提示部 | | | 第3提示部 | | |
|---|---|---|---|---|---|---|---|---|---|---|---|
| | S | R | S | R | | 平S | 平R | | 下S | 下平S | 追迫部（ストレット） |
| 主調ハ長調 | ハ長調 | ト長調 | ハ長調 | ト長調 | （第1間奏） | イ短調 | ホ短調 | （第2間奏） | ヘ長調 | ニ短調 | |
| 主調ハ短調 | ハ短調 | ト短調 | ハ短調 | ト短調 | | 変ホ長調 | 変ロ長調 | | ヘ短調 | 変イ長調 | |

構造は上のとおりで、
　第1提示部は　S（主唱）、R（答唱）、S、R
　第2提示部は　平行調のS、R
　第3提示部は　下属調のS
　　　　及び　下属調平行調のS
つまり第2、3提示部で主調・属調の他の近親調をすべて通る。
　そのあとに追迫部（ストレット）が続くが、第3、4章で述べるとおり、追迫部は5つの部分から成り、(a) 主要追迫　(b) 対唱追迫　(c) 平行調追迫　(d) 真正追迫　(e) コーダ　から成る。

パリ音楽院の書式は長いこと、和声・対位法・フーガの3本柱だったので、厳格対位法の長い美しい線の自由唱が好まれる。日本では東京藝術大学でも国立音楽大学でも、和声・フーガの2本立ての教育が長かったので、フーガ教育でも、島岡和声の機能和声から逸脱しない教育が主流であった気がする。

私のパリ音楽院在学中（1973～80年）には、毎年の書式のコンクール（卒業試験）の1$^{er}$プ

リ（1等賞）をとった和声、対位法（コラール・ヴァリエーション）、フーガの作品が公開演奏されていた。私の作品も和声、対位法、フーガと3曲演奏された。この演奏会はいつからか消滅してしまった。

　私が勤めた国立音楽大学では、フーガの演奏会は、1985年から始まり、2014年で30回を迎えた。作曲科は3年間、フーガが必修なので、はじめに島岡先生のお話があったのち、フーガ成績上位（3〜5人）の4年生の作品が室内楽編成で、終わりに先生方の作品1曲が演奏されるという構成で続いている。

　近年2012〜14年、作曲科以外の学生たち（とくにピアノ科、教育科）に書式を勉強する人が増え、2014年11月の第30回演奏会では、作曲科以外の学生が12人もフーガの出品をした。

　作曲科の学生のフーガの勉強は、とくに書式の美しさの勉強として大切であるが、作曲以外の人々、とくにピアノや管弦打楽器の人々にとっては、自分の演奏につながるので、大変勉強になる。国立音楽大学は、大学院や学部のコースで、バロック、古典、ロマン派などの「様式和声」をやり、大学院でラヴェルの和声の勉強をする人も増えていて、様式和声も成功しつつある教育の例であると思う。

　様式和声、フーガのおもしろさは様式によって、規則がだんだん変わってくることだと思う。例えば、バッハのコラールで導音は主音に行かなくてもよい。style Schumannから7音の予備は必ずしもいらない。ドビュッシーでは、連続5度は禁じられていない。それらを学ぶことによって、導音→主音、7音に予備が必要、連続5度禁止という和声の規則は絶対ではないことを、学生は知る。

　さらに旋法→機能和声→旋法の時代による変遷という歴史や美学の流れも知ることができる。

　様式フーガのおもしろさ、有用性まで学習者はぜひ到達していただきたい。

# 第3章
## 簡単な2声及び3声フーガを書く

（1）フーガの中心になる主題を主唱（スージェ sujet）という。主唱は、自作ではなく与えられることが多い。
（2）主唱は1声無伴奏で出ることが多い。
（3）第2導入は完全5度または完全4度上または下で出ることが多い。これを答唱（レポンス réponse）というが、応答ともいわれる。
（4）学習フーガの答唱には、次の3つの種類がある。
　　 a．主唱をそのまま属調に移調する正答唱（レポンス・レール réponse réelle）
　　 b．主唱をそのまま下属調に移調する変答唱（レポンス・プラガール réponse plagale）
　　 c．主唱を規則（または習慣）に従い、ある部分を属調に、ある部分を下属調に移調する調的答唱（レポンス・トーナル réponse tonal）
　一般的には正答唱（完全5度上）と変答唱（完全4度上）が混ざった「調的答唱」で書く練習をする。
（5）調的答唱では、ある音符を下属調に移し（変応させるという。つまり完全4度上げる）、その他を属調に移す（正応させるという。つまり完全5度上げる）。
（6）調的答唱で変応する点は、次の2点である。
　　①冒頭の第5音または冒頭の主音につづく第5音
　　②属調部分

　基本は正答唱（完全5度上）であるが、「冒頭の第5音」と「属調部分」は変答唱になる。

譜例3-1　調的答唱（ハ長調の曲の例）×は変応すべき音

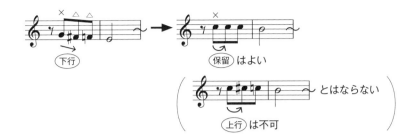

②属調部分

学習フーガの主唱は

主調　→　主調

主調　→　属調

主調　→　属調　→　主調

の3つのタイプが一般的である。

答唱はそれぞれ、

属調　→　属調

属調　→　主調

属調　→　主調　→　属調

となる。

　真正追迫（ストレット・ヴェリタブル strette véritable／主唱と答唱のカノン）を確かめることは、答唱作成のために有効である。

譜例3-2　真正追迫から変応点を判別する

和声付けに①②の2つの可能性がある。

注：本書はパリ音楽院様式のフーガの本であるが、日本の音楽大学では調性にドイツ音名を使うことが多いため、ドイツ語表記にする。

ⅠⅡの2つの答唱の可能性がある。

真正追迫で0.5小節遅れで合わせたとき、□のあたりは②だとうまくいく。①だとうまくいかない。

7）調的答唱を作ってみよう。

次の主唱にもとづいて、調的答唱を書きなさい。真正追迫の組み合わせも試しなさい。主唱は1970年代にM.ビッチ先生が私に与えた主唱集である。答はp.129参照。

第3章 | 簡単な2声及び3声フーガを書く

# 2声のフーガ

　フーガの実習は、ふつう4声体で学習される。しかし、編集者の提案もあり、本書では初心者のために「2声のフーガ」の1節をもうけることにした。この節をとばしてp.27の3声のフーガに進んでもよい。モデルとしては、バッハの《フーガの技法》に2声の楽曲が4曲ある。また15曲の2声のインヴェンションもモデルになる。《平均律クラヴィーア曲集》第1巻のe-mollの曲も参照。

（1）構成として次の順に進んでいくことが望ましい。

①第1提示部（主唱、答唱が2〜4回、主調及び属調、2回目以後 対唱（contre sujet）を伴うことが望ましい。

②第2部（第1間奏→第2提示部［平行調及び平行調の属調］→第2間奏→第3提示部［下属調及び下属調平行調］→第3間奏→Ⅴ音の保続へ）　間奏（divertissement）は嬉遊部ともいう。

③第3部（追迫部）a. 主要追迫　主調と属調で2〜4回　b. 対唱追迫　対唱の冒頭によるつなぎ　c. 平行調追迫（平行調に始まり、いろいろな近親調で追迫をつづける）　d. 真正追迫（終わりに主唱と答唱の切迫したカノン）　e. コーダ　の5部分から成る。追迫は距離がだんだん切迫してくるのが望ましい。

（2）2声フーガ作成にあたり、和声の充実も留意すべきである。主音と第5音だけの空虚5度はさけるべきである。上下完全4度は $^6_4$ を想起させるゆえ、さけたい。掛留音、経過音、倍音などを含む場合はよい（倍音はまれである）。第7音は予備され、解決されることが望ましい。その他の留意点は文中で述べる。

## 2声のフーガ（p.25）解説

　1〜2M（M＝小節。以下同様）　S（主唱）はC-durで、図示したようにⓐⓑ2つのモチーフから成る。ⓒはcoda（結句）といってつなぎである。3〜4M、5〜6Mで再び答唱と対唱の組み合わせがG-durである。2声の場合、2回の提示だと少なすぎ、4回の提示だと多すぎるかもしれない。2声のインヴェンションNo.15（h-moll）でも提示は3回である。この主唱は私が12歳のときのもので、当時は理論も知らずバッハを真似て書いたものだが、今回の実施は全面的に手を入れた。

　7〜9M　第1間奏　ⓑの対話による転調が3小節。

　10〜14M　第2提示部　平行調a-moll（10〜11M）と平行調の属調e-moll（13〜14M）。

　14Mの後半から同じモチーフをくり返してF-durへ行くのが第2間奏。

　15Mの後半〜19Mの頭までが第3提示部。下属調（F-dur）と下属調の平行調（d-moll）で主唱と答唱が出る。3つの提示部でC: G: a: e: F: d: とC-durとすべての近親調で主唱と対唱が出ることになる。c-moll（同主調）は省く。

　19〜23Mの頭までが第3間奏。ⓒの要素を使って転調をしていく前半（19〜21M1拍目）はⓒの要素を使って盛り上がり、21Mの2拍めからはC-durの属音ソが低音で中断されつつ保続され、上声が静かに下行する。

23Mから**主要追迫**、下声と上声が1小節遅れで入ってくる。さらに1小節遅れで25Mの下F-durのV₇。26Mの上声は途中まで入る。26Mの4拍目から**対唱追迫**で、26Mの4拍め（下声）、27Mの2拍め（上声）、27Mの4拍め（下声）、28Mの2拍め（上声）と2拍遅れで入ってくる。

29Mから**平行調追迫**で、平行調a-mollとその答唱a-moll（元来はe-mollのはずがgisを使っている）。30Mの3拍め下声と31Mの1拍め上声もつづいて、2拍遅れの追迫がつづく。32Mからが**真正追迫部**で、答唱と主唱の最後の追迫で1拍遅れである。ここでは上下をぴったり合わせるためにいくつかの変化がみられる。上声は ♪♪♪♪♪♪ のかわりに ♪♪♪♪♪♪ とし、35Mの下声も変化している。34M下声と35M上声にさらに主唱の変型があり、終止に導く。

譜例3-3　2声のフーガ

## 3声のクラヴィーアのための小フーガを書く練習
（大体の構造を知る）

後の①〜⑳の説明（p.30）を読みつつ、次のフーガを分析してください。

譜例3-4

第3章｜簡単な２声及び３声フーガを書く

① 1〜5 M（M＝小節。以下同様）　中声部で主唱(スージェ)が出る（前半 C-dur　後半 G-dur）。5 Mの、次へつづく小さなモチーフを結句と名づける。
② 6〜10 M　下声で出るのは答唱である(レポンス)（主唱と逆に前半 G-dur　後半 C-dur）。10 Mに結句がある。
③ 中声部 7 Mの終わりの音から対唱(コントル・スージェ)が出る。6〜7 Mのアルトは自由唱、偶然主唱の 1 Mに似ている。8、9、10 Mの 1 拍目、9 Mの 4 拍目に掛留音があり、上下 2 度または 7 度の緊張感を作り出すのは、おすすめである。
④ 11〜15 M ソプラノに主唱。12 M 6 拍目からバスに対唱。15 M ソプラノに結句が入る。
⑤ 15〜18 Mは第 1 間奏（フランス人は divertissement——気ばらしと呼ぶ）。主唱にとらわれない自由な部分だが、既出のモチーフによることが多い。嬉遊部と訳すことも多い。「結句のモチーフ」が 7 回出るが、♩♪♪♪♪が 3 回、あとの 4 回は♪♩♪♪♪♪のリズムで掛留を使いながら a-moll に導く。
⑥ 19〜28 Mは第 2 提示部（平行調提示部）と言い、平行調の a-moll で主唱（a-moll）答唱（e-moll）が各 1 回ずつ対唱とともに提示される。
⑦ 19〜23 Mが a-moll で主唱（ソプラノ）と対唱（アルト）、24〜28 Mが e-moll で答唱（バス）と対唱（ソプラノ）。21 M ソプラノに増 2 度ができるが、一般に許される。23 Mのソプラノの結句のあたりは旋律短音階を心がける（24 Mのソプラノ、26 Mのアルトも同様）。
⑧ 28〜33 Mは第 2 間奏。モチーフは対唱（9〜10 Mのアルト）からとっている。第 1 間奏のモチーフより多少長いが、7 回の導入は終わる前に重ねられることも多く、冒頭のタイの音がなるべくよい緊張を与えるように考えられている。
⑨ 間奏は転調していく性格がつよいが、2 の和音による転調は効果的でよく使われる。a-moll（28 M）から F-dur（34 M）へ行くのだが、B-dur（32 M）のように、♭ 2 つの調まで下がって F-dur に入るのがよい。
⑩ 第 3 提示部（下属調及び下属調平行調提示部）。F-dur（34〜38 M）、d-moll（39〜43 M）。対唱はソプラノ（35〜38 M）、アルト（40〜43 M）にそれぞれ置かれている。和声付けは自由だが、バスの 35 Mからの下行順次進行、7 度跳躍を含んで 38 Mまでに注目。37 Mのソプラノの上の C は、声楽フーガでは高く感じるが、器楽なので問題はない。
⑪ 43〜51 Mは第 3 間奏。前半は半音階のモチーフ（主唱の 2〜3 M）を使っている。後半（48〜51 M）はバスの属音保続の上に半音階モチーフの反行形が使われている。
⑫ 間奏前半の半音のモチーフは、掛留の部分の緊張を心がけた。47〜48 Mのバスに拡大形がある。半音階をさけて C-dur の終止をめざしている。46 Mの 6 拍目ソプラノから反行の上行音階の組み合わせが 51 Mまで無調的不安定さをみせている。
⑬ 47〜52 Mは一時的に 4 声部書法がみられる。バッハの器楽様式のフーガによくみられる。
⑭ 52〜75 Mは学習フーガの最終部分、追迫部(ストレット)である。学習フーガでは 5 つの部分から成り、本例では a．主要追迫（52〜56M）b．対唱追迫（57〜60M）c．平行調追迫（61〜65M） d．真正追迫(ストレットヴェリタブル)（66〜71M）e．コーダ（72〜75M）に分かれている。
⑮ 先行する主唱（答唱）の末尾の音と、後出の主唱（答唱）の末尾の音は、一瞬でも重なれば「追迫」とみなす。

⑯主唱または答唱の頭の音の距離が短くなっていくか、または等しいことが望ましい。主要追迫Ⓢ（52Ｍ）とⓇ（54Ｍ）Ⓢ（55Ｍ）の間はそれぞれ２小節、1.5小節である。61Ｍバス、62Ｍソプラノ、63Ｍアルト、64Ｍバス、65Ｍアルト、66Ｍソプラノの間は各１小節である（61Ｍの後半のアルトは模倣にすぎない）。66Ｍの追迫ｄは前述の「真正追迫」であり、66Ｍのソプラノとテノールで主唱と答唱が0.5小節で、70Ｍまでにほぼ完全な形でうたわれる。段々間隔が狭まることにより切迫感が出る。

⑰追迫ａ（主要追迫）は２声で軽やかに出る。54Ｍのバスの第２導入も２声なので、54Ｍの頭では３音が例外的に省かれている。55Ｍもソプラノで第３導入が出るが、ドラドの和音であり、掛留で緊張感を保っている。57Ｍの頭の不完全和音も２声だが、反行の対位法の長い線が空虚さを隠している。

⑱57Ｍからはｂ.対唱追迫。これは対唱の頭のモチーフによる間奏である。57Ｍからアルト、バス（58Ｍ）、アルト（59Ｍ）、ソプラノ（60Ｍ）とたたみかけ、61Ｍのバスのa-mollの主唱も対唱のモチーフに似ているので自然に導かれる。この第３追迫は、はじめは平行調（M61バス）で出るが、あとは近親調なら何調でもよく、この例ではa-moll（61Ｍバス）、a-moll（62Ｍソプラノ）、a-moll（63Ｍアルト）、d-moll（64Ｍバス）、d-moll（65Ｍアルト）と追いかけっこをして、調性も66ＭのC-durのⅤをめざしている。

⑲真正追迫（66-70Ｍ）は、バスの属音保続の上に緊張感を盛り上げることが多いが、３声体なのでバスの保続は67Ｍで切り上げて、自由唱で和声に変化を与えている。70Ｍの６拍目からのように$\overset{\text{V}}{\text{V}}$－Ⅵ－Ⅱ－Ⅴという進行で終止感を与え、コーダを導く。

⑳コーダ（72-75Ｍ）もいろいろな調で主唱を出しつつ終わる。和声進行の都合で主唱を一部変形している。

p.131の主唱集より６、８、10、11の主唱をもとに、３声のクラヴィーアフーガを書いてみよう。

# 第4章
# 4声体の学習フーガ

# 1　主唱

＊終わりの音の音価は自由である

譜例4-1

譜例4-2

譜例4-3

譜例4-4

譜例4-5

（1）学習フーガ（フューグ・デコール fugue d'école）において中心となる主唱（スージェ sujet）は、普通は与えられることが多いが、ある程度進んだ学習者は自分で主唱を作ることもよい勉強になる。

（2）主唱の一般的な特徴
　1．調性と和声の流れがはっきりしていることが望ましい。
　2．調の構造として主に次の3つの型がある。
　　①主調で始まり、主調で終わる（**譜例4-1**）
　　②主調で始まり、属調で終わる（**譜例4-2、4-3、4-5**）
　　③主調で始まり、属調に転調し、再び主調で終わる（**譜例4-4**）
　3．終わりの音は、主調または属調の主和音の根音または第3音である。
　4．リズム的な特徴を持つことが望ましい（とくに始まりの部分）。

（3）主唱の和声付けを考えておくこと。これは答唱（レポンス réponse）や対唱（コントル・スージェ contre sujet）を書く際必要である。しかし、すべての場合にその和声付けにしばられ

る必要はなく、多様な和声付けができることが望ましい。

（4）主唱の和声付けにあたっては、<u>ソプラノ課題としてではなく、バス課題として</u>考えるべきである。ソプラノ課題としてとると、例えば**譜例4-4**は次のようになる。

譜例4-6

ソプラノ課題として、この和声付けは自然であるが、冒頭のラがⅠの第5音になってしまう。主唱は、どの声部にも均等にあらわれるので、バスに出現したとき、これでは ♪ の $\frac{6}{4}$ の和音（三和音の第2転回形）になってしまう。フーガでは、対位法以来の伝統で $\frac{6}{4}$ を避ける必要があるので、これは好ましくない。

バス課題として考えると、

譜例4-7

という和声付けでうまくいく。この主唱は、<u>主調→属調→主調</u>という複雑な流れの主唱である。

## 2　答唱

主唱に対する応答を答唱（レポンス réponse）という。答唱には3つの種類がある。
①正答唱（レポンス・レール réponse réelle）
主唱を完全5度上げる（または完全4度下げる）、すなわち属調で応答する（これを正応という）。
②変答唱（レポンス・プラガール réponse plagale）
主唱を完全4度上げる（または完全5度下げる）、すなわち下属調で応答する（これを変応という）。
③調的答唱（レポンス・トーナル réponse tonale）
主唱の主調部分を5度上に、属調部分を4度上に移調して応答する。すなわち、

主唱の主調部分　→　応答では属調
主調の属調部分　→　応答では主調

になる。

譜例4-8

主唱 sujet　(c-moll)　(g-moll)

正答唱 réponse réelle（全部5度上）(g-moll)　(d-moll)

変答唱 réponse plagale（全部4度上）(f-moll)　(c-moll)

調的答唱 réponse tonale（主調部分5度上）（属調部分4度上）(g-moll)　(c-moll)

## 3　変応および真正追迫

冒頭の属音の変応について

（1）冒頭に属音があれば変応する（4度上げる、または5度下げる）。

譜例4-9

4度上

（2）冒頭の主音の後に属音があれば変応する（4度上げる、または5度下げる）。

譜例4-10

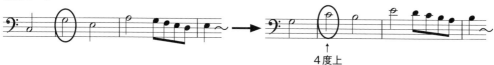

4度上

第4章 | 4声体の学習フーガ　37

（3）冒頭の主音に属するグループの次にソがある場合

（4）冒頭の属音から半音階下行する場合

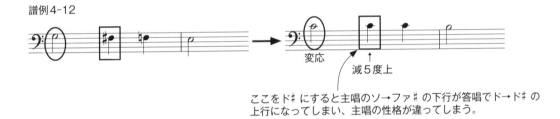

（5）音楽的に性格が変わる場合は正答唱にする。

（6）真正追迫できるか確かめる。

　学習フーガの最後に、主唱と答唱が短い距離でカノンをして曲を盛り上げる。これを真正追迫（ストレット・ヴェリタブルstrette véritable）という。主唱→答唱の順が多いが、答唱→主唱の順であることもある。バスを2声にした5声体で第2バスの属音保続上に、ソプラノと第1バスで歌われることが多いが、保続がなかったり別のパートで出ることもある。間隔は1小節、1／2小節であることが多いが、もっと近接していることもありうる。

譜例4-14

　真正追迫は主唱と答唱の近接したカノンであり、曲の終わりに登場して最後の盛り上がりを形成することが多い。

①真正追迫はしばしば第5音保続上にあらわれ、バスの分割により第1バスとソプラノで歌われることが多い。

②主唱－答唱の順が多いが、答唱－主唱の順であることもある。

③カノンの間隔は1／2小節または1小節間隔であることが多いが、まれに1つその他の間隔であることもある。

　例えば次の主唱に対しa、bの2つの考え方が可能である。

譜例4-15

答唱はa-moll部分を変応するので

譜例4-16

となる。aのほうがよさそうであるが、真正追迫がうまくいかない。

## 4 対唱の作り方

和声付けをする(バス課題として考える。バスが第5音にならない和音)。

譜例4-17

① VIでも IV₆でも可
② 前と同じ和音も可
③ ♩1拍の和音だとドミソにしたいが、バスがソのときソドミ($^6_4$)になってしまう。

$^6_4$は使えないので、ここは1拍に2和音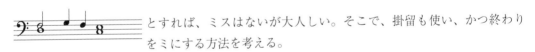を置く。

④ 3小節め  に対する答唱

ふつうよさそうに見えるのは である。レとドの上下7度の掛留音は

とてもよいが、終わりがドの上にドになってしまう(第3音欠如)。この形はバッハのフーガには多いが、学習フーガではさけられている。

とすれば、ミスはないが大人しい。そこで、掛留も使い、かつ終わりをミにする方法を考える。

だとシーファが増音程になってしまう。それをさけるために以下の形が考えられる。

譜例4-18

## 5　学習フーガの作成

次の**譜例4-19**をモデルにして、学習フーガの作り方を説明する。

譜例4-19

第4章 | 4声体の学習フーガ　41

### 主要提示部

各声部が1度ずつ主唱または答唱をうたい終えると、主要提示部が終わる。3声なら3回の導入、4声なら4回の導入があるのがふつうである。S（主唱）、R（答唱）、S、Rと出るのがふつうなので、B（バス）－T（テノール）－A（アルト）－S（ソプラノ）、T－A－S－B、A－T－B－S、S－A－T－Bの順が多いが、T－B－S－A、A－S－B－Tという順もバッハでは多く、第3導入が目立つことになる。

《平均律クラヴィーア曲集》第1巻の第2番のように、第2導入のあと、しばらく間奏をつづけ、第3導入のバスを効果的に出すために、バスの音域を上げておくこともある。《平均律》の第1巻の第1番のようにS－R－R－Sの順に導入することもある。主唱・答唱をうたった声部は、たいてい対唱に進み、自由唱につづく。自由唱のあとは休みになり、再び主唱か答唱か対唱か間奏句など、休みの次には大切なモチーフで再び加わることが多い。

主唱か答唱のあとに結句（コーダcoda）というその曲固有の結びの句がつくことが多い。

p.27 　3声フーガなら　　　　　　　（5～6Mアルト）

p.40 　4声フーガには　　　　　　　　　　　　　　　があるが、あまり展開しない。

表にすると次のような導入が多い。（「自」は自由唱、「(自)」は半分くらいまで自由唱。）

| | 1 | 2 | 3 | 4 | 1 | 2 | 3 | 4 | 1 | 2 | 3 | 4 | 1 | 2 | 3 | 4 |
|---|---|---|---|---|---|---|---|---|---|---|---|---|---|---|---|---|
| S | | | | Ⓡ | Ⓢ | C.S. | | | | | | Ⓡ | Ⓢ | C.S. | 自 | (自) |
| A | | Ⓢ | C.S. | 自 | Ⓡ | C.S. | 自 | (自) | Ⓢ | C.S. | 自 | (自) | | Ⓡ | C.S. | 自 |
| T | Ⓡ | C.S. | 自 | | Ⓢ | C.S. | 自 | | Ⓡ | C.S. | 自 | | | Ⓢ | C.S. | |
| B | Ⓢ | C.S. | 自 | (自) | | | Ⓡ | | | Ⓢ | C.S. | | | | | Ⓡ |

第4導入のとき4声になるが、4声べったりで書くのは重くなり、動きが鈍くなるので、(自)の声部は途中から3声にするために早めに休ませるのがよい。

### 第1間奏、第2提示部

通常の学習フーガは、主要提示部に続いて、いろいろな調の提示部をくり返し、その間をいろいろなモチーフによる間奏（嬉遊部）divertissementが縫ってゆく。

例えば、ひとつの典型的な例は下記のとおりである。

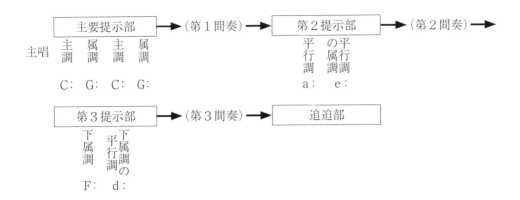

提示部と間奏が交替し、最後に追迫部で盛り上がる。実際の曲のフーガは必ずしも決まった形はなく、第2提示部が主調・属調ばかりの対提示部（Contre Exposition）である曲も多いが、典型的な学習フーガとして上記の形で学ぶ。

まず、3つの間奏の材料を選ぶ。

譜例4-20

主唱と答唱の冒頭は、追迫で使うので、間奏では使わない。上記のA、B、Cを選んだが、後ろからCBAの順に、第1、第2、第3の間奏に使う。

譜例4-21　第1間奏

11M（M＝小節。以下同様）4拍目アルト、12M4拍目バス、13M4拍目テノール、14M4拍目アルト、15M2拍目ソプラノ（終わりのみ、やや切迫して導入される）

## 第2提示部

　a-mollの主唱が15～18Mテノール、e-mollの答唱が18～21Mバスで出る。主唱と対唱は元来異種声部用（ソプラノとアルト、アルトとテノール、テノールとバス、及びソプラノとバス）のために作られているので、同種声部（ソプラノとテノール、アルトとバス）だと狭すぎるか広すぎるかのどちらかである。16～18Mはテノールの主唱に対し、対唱のソプラノは狭すぎる（主唱がアルトで、対唱がソプラノでもよい感じである）。しかし、他方でフーガ書法のバランスを考えると、主唱や答唱と対唱声部の組み合わせが、たまには同種声部の方がバラエティがあっておもしろい。

　したがって15～18Mのテノール主唱、ソプラノ対唱の場合は狭すぎるので、17M、18Mの後半ではアルトを休ませて3声である。3声になると、自由唱に大きな流れが可能になる。

　バスの自由唱が16M4拍目の下のソ♯から、18M3拍目の上のラまで高まっていき、19～20Mのテノールのファ♯まで隠れた線がつながっている。答唱（19Mアルト）と対唱（20Mバス）は、やはり同種声部としては狭い関係で入ってくるので、20Mでテノールを休ませている。

　長く休んだあとの声部は、大切なことをしゃべって再登場することが望ましい。19M後半アルトは対唱、21Mのテノール、23Mのバス、25Mのソプラノは、対唱や第2間奏のモチーフや、主唱などで入ってくる。逆に言えば、大切なモチーフの前に休みをとることはよいことである。

譜例4-22　第2間奏のスケッチ

譜例4-20のBによるスケッチである。

　**第2間奏**は、譜例4-20のBによる。

| | | | |
|---|---|---|---|
| 21 M後半 | テノール | 23 M後半 | テノール（反行） |
| 22 Mはじめ | アルト | 24 Mはじめ | ソプラノ（反行） |
| 22 M後半 | ソプラノ | 24 M後半 | バス（反行） |
| 23 Mはじめ | バス | 25 Mはじめ | アルト（反行） |

　上記のように順行形4回、反行形4回があらわれている。
　21 Mのアルトの C. S. が下行しているのを受け継いで、21 M後半のテノールのBは下向きで出る。23 M後半のテノールのBからは上行形で4回あらわれ、それが26 Mの第3提示部のソプラノの主唱の上行形に通じている。
　和声進行に合わせるため、音程の異同は常に可能である。

譜例4-23

etc.

　**第3提示部**は下属調（F-dur）と下属調平行調（d-moll）である。
・28 M 3拍目がF-durの$I_6$、4拍目がd-mollの$I_6$ですぐ続いている。場合によってはF-dur（下属調）からd-moll（下属調平行調）へ、なめらかな移行をするために半小節か1小節、推移部分を挿入することもある。
・なお、下属調提示部（この曲ではF-dur）の主唱のあとに、答唱はいらないので、要注意。答唱は下属調提示部F-durの属調のC-durになってしまうが、この調は主要提示部ですでに出ているからである。
・25 Mの終わりからF-durでソプラノ主唱、バス対唱。アルトの♩ ♫♩（26 M）♩ ♫♩（27 M）は第2間奏のなごりである。28 Mのアルトの長い休みは28 M終わりからのアルトのd-mollの主唱が登場することを暗示する。31 Mのテノールの長い休みは、つづく**第3間奏**のモチーフの入りを暗示する。
　以上、第1〜2提示部で8回の導入があった。主唱、答唱、対唱の声部を図示する。

| | 1 | 2 | 3 | 4 | 5 | 6 | 7 | 8 | 計 |
|---|---|---|---|---|---|---|---|---|---|
| 小節数 | 1 – 3 | 3 – 6 | 6 – 9 | 9 – 12 | 15 – 18 | 18 – 21 | 25 – 28 | 28 – 31 | |
| SかR | B | T | A | S | T | B | S | A | S2 A2 T2 B2 |
| C. S. | − | B | T | A | S | A | B | S | S2 A2 T1 B2 |
| 調 | C: | G: | C: | G: | a: | e: | F: | d: | |

　ほぼ均等にいろいろな声部で出ている。主唱（または答唱）と対唱の関係は6とおり（SとA、SとT、SとB、AとT、AとB、TとB）あるが、2〜7回目はすべて違っている。4回目と8回目のみSとAが重複しているが、主唱（または答唱）と対唱が逆になっている。

**第3間奏** 一番むずかしい。モチーフも長くなり、転調も遠くなり、モチーフの重なり合いも多く、うまく主調に戻るためには、経験と練習が必要である。

譜例では31Мの終わりから始まる。モチーフはAを使っているが、ひとつが終わってから2つめが入ると長いので、どんどん重ねていく形がよい。31М終わり：テノール d-moll、32М真ん中：ソプラノ d-moll、32М終わり：アルト（d-moll → g-moll）というように、♭系から始め、c-mollをめざして、C-durを再現させる。調の構成は大切である。掛留（33М3拍～34М1拍等）、7音（34М4拍）、35～36Мのバスにおけるモチーフの拡大、37Мのバスの属音保続による再現準備などを学びとってほしい。35～38Мの上3声のモチーフの断片によるたたみかけは、やや重いが効果的である。

**追迫部**（ストレット）　追迫部はフーガの締めくくりであり、ヤマ場である。バランスのよい学習フーガでは、ストレットはだいたい5つの部分から成り、①主要追迫：S、R、S、Rと4声が入ってくる　②対唱追迫：対唱の頭による間奏　③平行調追迫：平行調から始まり、近親調の提示を重ねてヤマをつくり、④真正追迫に導く。

④真正追迫は主唱と答唱の一番近接したカノンで、たいてい属音保続を分割（divisi）した第2バスがうたう上で、ソプラノと第1バスでカノンがうたわれる。主唱－答唱の順でも、答唱－主唱の順でもよい。なるべく近接したカノン（1小節、1／2小節、1拍等）で長くつづくとよい。

⑤コーダは、主音保続上で、だいたい上行して盛り上がるか、下行して静かに終わるかどちらかである。

この曲では、①39～45М　②45～47М　③46～52М　④52～57М　⑤58～61Мである。

大切なのはカノンの距離である。追迫①では39Мアルト→41Мテノール→42Мバス→44Мソプラノと、カノンの距離は2М、1.5М、1.5Мで近づいている。対唱追迫（45～46М）は勘定から除く。③平行調追迫では〔46Мテノール a-moll → 47Мソプラノ a-moll → 47Мバス d-moll → 49Мアルト d-moll → 50Мテノール a-moll〕とみると、1М → ♩3つ（と縮まったあと）♩4つ → ♩5つとやや広がり、切迫度をゆるめている。

50Мからのバスは　と並べ替えれば、主唱のはじめともとれる。古典的な進行でC-durの属音の保続にもっていく。52Мの終わりからのアルト、53Мのテノールの入り（♩2つに切迫されている）は予備追迫といい、本当のヤマ場は54Мの終わりのバスと55Мのソプラノで、主唱と答唱の♩2拍（最短）のカノンである。やや和声付けが強引だが、うまく形を壊さずに入った。

57Мのバス（レミファソ→ド）のような終止の形をみせて⑤コーダに行く。ここでは真正追迫よりさらに高い音を使い、盛り上げた終止を使っている。主音保続上なので下属調になる。骨組みは第1バスとソプラノの♩1個とさらに短い距離のカノンであるが、オクターヴのカノンは3つめの音からうまく合わず、ソプラノがバスを2オクターヴと2度上で模倣するカノンに変わっている。

私が1975年にM. ビッチ先生の指導で書いたはじめてのフーガをモデルにしている。

この章の最後に、学習フーガの作例を3つ載せる。はじめのものは市川景之氏が本書のために提供してくださったものである。深く感謝したい。

# 学習フーガ作例 1

解説 p.52

Kageyuki Ichikawa

## 学習フーガ作例1（p.49） 解説

　この学習フーガは、筆者がパリ国立高等音楽院の「フーガとソナタ形式」（ティエリー・エスケッシュ教授）クラスに在籍中、17時間に及ぶ中間試験（1995年2月5日実施）Mise en loge（缶詰試験）で作曲したものである。敢えてその時のまま掲載した。

　主唱の作者は、前年度筆者が履修し一等賞次席を獲得した和声法のクラスの教授、ジャン・クロード・レイノー先生（H. シャラン、N. ギャロン門下）だった。

　幸い中間試験は主席で通過したが、このころエスケッシュ先生のクラスでは中間試験主席者は、6月の本試験で失敗するジンクスがあり、筆者も運悪くその伝統を引き継ぎ、2年目を履修した。筆者の在学時は、学習フーガの形式は（フーガに本来形式はないが）いわゆる伝統的なものよりも少し短いもので良いことになっていた。

　それは、このフーガのように、第2間奏から属音保続につなぎ、主要追迫〜対唱追迫〜IV調追迫（平行調の代わり）〜真正追迫〜コーダ　の構成をとるものである。

　このレイノー先生の主唱は音程がオクターヴを超えて広いため、（エスケッシュ教授のレッスンでの指導を鑑み）一部音域の調節をした為に、審査の結果を案じたが上記のような結果となり安堵したことを記憶している。

　エスケッシュ先生のご指導は、例えば反行の連続5度に対して非常に寛容であるように、規則でがんじがらめではなく、豪奢な響きやエスプレッシーヴォな表現を至上のものとするものだったので、帰国して教鞭をとりはじめて戸惑うこともあった。

　当時の学生同士の会話のなかで、「禁則など傷はないが味わいに欠けるものを良しとするのか？　あるいは多少の軽微な禁則はありながらも豊かさを求めるのか？」が、しばしば主題になっていたことを懐かしく思い出す。

（市川景之）

# 学習フーガ作例 2

解説 p.58

## 学習フーガ作例2（p.53） 解説

パリ音楽院1年めの作品。主唱はおそらくマルセル・ビッチ先生作。

主唱（1～5M）は前半ハ短調でラ♭－ファ♯の減3度が特徴。後半はト短調（3～5M）。5Mからテノールに答唱（5～9M）。はじめはソの掛留からファ♯を出す対唱は、ト短調からハ短調に戻り、♪♪♪ ♪♪（7～8M）のリズムが特徴。9～13Mの第3導入はバスに主唱、テノールに対唱、高いアルトの自由唱（11M）。第4導入（13～17M）はソプラノに主唱、バスに対唱。はじめからうたっていたアルトが途中から休む。

第1間奏（17～19M）は2つのモチーフから成り、主唱の2M後半（♪ ♪ ♪ ソ シ ド）と対唱の8M後半（♪♪♪♪♪ ソラファソファミ）の2つの要素を使い、1小節ごとにc-moll、Es-dur、f-mollをとおってEs-durに行く。

第2提示部前半（21～25M）はEs-dur、後半（25～29M）はB-dur。26M2拍め～29M1拍めはテノールが休みだが、3声になった分、アルトに大きな動きが生まれる。

第2間奏（29～34M）に使った要素は、主唱の最後の部分（♪ ♪♪♪♪ ♪）と、対唱の（♪ ♪♪♪ ♪♪）という16分音符の特徴的な要素の2つである。第1間奏と同じく、間奏に2つの要素を使う例である。転調は32Mで、es-mollへ行って、Des-durのように♭の多い調から目的調f-mollに戻すのもよい。

第3提示部はf-moll（35～39M）、As-dur（40～44M）であるが、前述のようにf-mollははじめからf-mollではなく、Des-durから36Mでf-mollに行っている。このような提示部もよい。

第3間奏（44～54M）も使われている要素はa、bの2つであるが、2つとも主唱からとられている。49～50Mのバスはaの拡大の反行であり、51Mでバスの属音保続に入り、3声でaの反行形でたたみかけ、追迫部に入る。

追迫部も型通りa. 主要追迫（53～64M）はアルト、テノールと入り、ソプラノ、バスと2小節ごとに導入される。b. 対唱追迫はアルト（62M）ソプラノ（62M）テノール（63M）バス（63M）と0.5小節ごとにたたみかけ、64Mからソプラノ、アルト、テノール、バス（反行形）と8回たたみかける。c. 近親調の追迫は、アルト（66M）、テノール（67M）、バス（69M）、ソプラノ（70M）と入ってくる（♩6つの距離で、Es-dur、B-dur、c-moll、As-dur）。テノールの反行形（72M）、アルトの反行形（73M）、ソプラノの反行形（75M）、アルト（77M）は予備追迫という。ソプラノ（78M）とバス（79M）が主唱と答唱によるd. 真正追迫。e. コーダ（83～88M）は、第2バスの属音保続上にソプラノと第1バスが0.5小節差でカノンをして、アルトも反行形で追いかける。

学生時代の私の若気だが力作である。

# 学習フーガ作例 3

解説 p.63

## 学習フーガ作例3（p.59） 解説

　主唱は有名なデュボワのものである。1～3Mの主唱はアルト。終わりに長い結句（coda）がつく。答唱はテノール、対唱はアルト。対唱は掛留（5M）や緊張のある2度（6M）が特徴。8Mからバスの主唱、テノールの対唱が12MまでA-dur、13MがまたE-durで答唱がソプラノ、対唱がバス。細部を確認すると、

　13Mの1拍目はIだが、すぐバスが対唱のミを始めるのでI$^6_4$になる。$^6_4$は避けたいので、アルトがラソラと刺繍音のソを伴い、ファへの経過音的進行を使うことによって、$^6_4$ではなく6（E:Ⅵ$_6$）に変換することができる。

　第1間奏（15～20M）は対唱の終わり3拍分を使っている。アルト、バス、ソプラノの順に入ってくるが、再びアルトのあと19Mのあたりからバス（反行）ソプラノ（反行）テノール（順行）ソプラノ（順行）とたたみかけ、第2提示部を導く。

　第2提示部はfis-mollでバス主唱、アルト対唱（20～23M）。後半はソプラノ答唱、アルト対唱で24～27Mでcis-moll、第2提示部では意識的に3声部分を多くしている。

　第2間奏は2つのモチーフを使っており、28Mのアルトは主唱の終わりからとられ、28Mのソプラノはその少し前の主唱からとられている。30～31Mでこのモチーフが切迫して出たあと、32Mのバスでこのモチーフの反行形、33、34Mではさらに2回ソプラノでの反行形がある。先の市川氏のフーガ同様パリ音楽院の中間試験用の学習フーガは第3提示部と第3間奏が省かれている。

　追迫部は8拍／7拍／5拍と切迫してあらわれる。44Mアルトで出る対唱追迫は、対唱の頭がアルト、テノール、バスと出、46Mの終わりからその反行形が4回出て、48Mアルトの平行調追迫に至る。アルト（48M）バス（49M）テノール（50M）ソプラノ（51M）と切迫した導入につづき、アルト反行（53M）バス反行（54M）テノール反行（55M）ソプラノ反行（56M）で57Mのバス属音保続になる。57Mテノール、57Mアルトは予備導入という。58M終わりのソプラノと59Mの2拍目のバスが主唱と答唱の真正追迫、61Mがバスのカデンツ。63Mからは、第2バスの主音保続の上にアルト、テノール、第1バス、ソプラノ、アルト、テノール、第1バス（反行）とはじめのモチーフを呼応する。

# 第5章
## フーガのさまざまな形式

第3、4章で勉強したものは、いわゆる「学習フーガ」の典型で、あまり自由がなく型通りであるが、こうした決まりのなかで良い線を探す勉強はとても力がつくので、ある程度量を書いてほしい。主唱集は巻末（p.131）にある。

　第5章で勉強するのは、やや自由で、厳格な型からはずれたフーガである。J. S. バッハの《平均律クラヴィーア曲集》第1、2巻の48曲は、みな形式や構造が違う。ここがすばらしいところで、それは主唱が違うからだ。主唱自体が最も生きるように、主唱が形式を決定するといえよう。たくさんのバッハ作品を分析すると、一番よい形式がみえてくる。

　この章では3つのフーガを取り上げる。1曲め《学習フーガ　ハ短調》（p.70）は、私のパリ音楽院時代の作品で、提示部で主唱（S）の反行形や対唱（C.S.）の反行形を使うなど、さまざまな試みがみえる。2曲め（p.74）の作曲者ベアトリス・ベルステル嬢は、和声のシャランのクラスの後輩であったが、フーガのクラスでは同級生で、音楽的な級友だった。クラヴサン奏者になったが、山で遭難し、早逝が惜しまれる。1975年6月の中間試験の答案で、だいたい学習フーガにのっとりながら、新しいことをやっている。3曲め（p.78）は、私の帰国後、パリで学んでいた後輩が送ってくれたもので、作者不詳だが、すぐれたものなので掲載する。Ⅰのフーガに、Ⅱの作者自身の作による第2フーガがつづき、Ⅲで2つの主唱が重なる形式はバッハにも多く、《前奏曲とフーガ》BWV552や《平均律クラヴィーア曲集》第1巻（4）、第2巻（14、18）などにみられる。小さな連続8度を2つみつけたが、そのまま載せる。

※《パリ音楽院の中間試験の作品》作品掲載に際し、著作権関連の処理をするため然るべき手段を講じたが、いまだ関係者と連絡がとれていない。連絡先をご存知の方がいたら、音楽之友社までご連絡をいただきたい。

### 学習フーガ　ハ短調（p.70）

　主唱はビッチ先生による美しいもので、第6音ラ♭から始まるめずらしいものである。前半c-moll、後半g-moll（1～4M）。答唱（4～7Mテノール）は逆にg-mollからc-moll。対唱（4～7Mバス）は、はじめに掛留、終わりに倚音がある。第3導入（7～10Mアルト）は、対唱テノール（7～10M）であるが、バスから始まるフーガは、第3導入からのバスの自由唱がむずかしい。

　ソードの完全終止が多くなりがちだが、7～10小節の終わりをⅤ－Ⅳ₆、Ⅴ－Ⅵ、Ⅴ₆－Ⅰ、Ⅶ₆－Ⅰのようにやわらかい響きで曲が終わってしまうことを避けている。

　10～13Mの第4導入ではソプラノに答唱、アルトに対唱。12Mのテノールが一部アルトと交差するのはうまくできず、ビッチ先生が直してくださったあとである。

　13～16Mの第1間奏（c-moll→f-moll→Es-dur）の転調は基本的である。13Mのソプラノの第1導入に1小節遅れてテノールが入り、あと0.5小節遅れでさまざまな声部が入る。16Mで第2提示部（Es-dur、テノール）が始まるとき、バスのラ♭がやや固いが、バッハ好みである。19～22MはB-durで、アルト答唱、バス対唱。同種声部の組み合わせのとき、狭すぎるか広すぎるかになるが、広すぎる形のためテノールを入れて、ソプラノを休ませている。

　第2間奏（22～25M）は私の新機軸である。モチーフは対唱の後半（5Mのバス2拍目後半）からきている。22Mソプラノの順行形に23Mアルト反行形、つづいて各声部で次々導入され、

25Mからのテノールは22Mのソプラノと同じ全部の形が入る。

第3提示部もそれにつづいて、バスのf-mollの主唱（26M）に対し、今度は対唱はなく第2間奏句のモチーフによるソプラノ、アルト、テノールのカノンが上3声でつづけられる。

そのつづきのAs-durの提示部も実験的で、主唱は反行形でソプラノ（30〜33M）、対唱も反行形でアルト（30〜33M）に入っている。バッハにモデルはないが、《フーガの技法》の最後の未完のフーガを弾くと、主唱とその反行形の重なり合いがたくさんある。

33Mからの第3間奏は主唱の後半をたくさん重ねており、37〜38Mにはバスの拡大形があって39Mの属音保続まで行っている。この辺は今みると、やややりすぎで、音のぶつかり合いがきわどいところもあるが、山をつくっている。

41〜73Mは追迫部。普通の学習フーガよりやや長めである。

（a）41〜49M主要追迫部は、バス（41M）テノール（43M）アルト（45M）ソプラノ（47M）の順に2小節間隔で導入される。

（b）49〜53Mの対唱追迫も型通りであるが、49〜51Mで対唱の頭の句が4回出、51M4拍目からテノール、ソプラノ、アルト、バスの順に同じモチーフの反行形が4回使われる。

（c）53〜62Mはいろいろな調における追迫部である。①53Mテノール　Es-dur　②54Mソプラノ　Es-dur　③56Mバス　b-moll　④57Mアルト　b-moll　⑤59Mソプラノ　As-dur　⑥60Mテノール反行形　b-moll　⑦62Mバス　b-moll→c-moll　と、普通は4回の導入が、ここでは反行形を含め7回導入される。

（d）62〜68M　真正追迫部　63Mアルト、64Mテノールは予備導入と言われ、それらが導く65Mバスと66Mソプラノの主唱、答唱が真正追迫（st. véritable）で、1小節の距離で最後の頂点をつくる。

（e）68〜73Mはコーダであり、2つに分かれたバスの第2バスが主音の保続をつづけ、その上にテノール（69M反行）バス（69M順行）ソプラノ（70M反行）アルト（70M順行）と4回、1／2小節のさらに短い距離で、下属調のf-mollでカノンを続ける。

以上のように、このフーガはほぼ学習フーガの形であるが、第3提示部に反行形を使い、対唱の代わりに間奏句のカノンを使い、第3追迫に広がりをもたせるため、少し長くする等の試みがみられる。

**パリ音楽院の中間試験の作品（p.74）**

前述のように級友ベアトリス・ベルステル嬢の中間試験の作品である。才気あふれる彼女の答案は、先生方も絶賛し、コピーが配られた。

1975年5月の中間試験で、8時間で書かれた。私も同室で受験していたはずだ。主唱はRoger Boutryの作。

主要提示部の主唱1〜5Mは、5〜7Mの結句（coda）がベアトリスらしい。対唱は地味で平坦である。6Mのアルト答唱、11Mの第3導入（ソプラノ）では、地味な対唱と跳躍の多い自由唱（12〜13M）が印象的。

20Mからの第1間奏は、8Mからのアルトの答唱を使っていて、21〜24Mですべての声部で展開される。第2提示部は24Mからのアルトの主唱に、28Mからのバスの答唱がつづくが、と

くに30Mの最後にソプラノで対唱が出る前、27〜29Mあたりに対唱の断片がちりばめられているのが美しい。

　第2間奏では、32Mのバスからアルト、ソプラノ、テノールまで、結句の印象的なモチーフがつらなり、40Mでバスが属音保続に行く。当時のパリ音楽院の中間試験（Mise en loge）では、第2間奏のあと、第3提示部と第3間奏を省き、属音保続からすぐ追迫部にいくという短縮形が指導されていた。

　追迫部41Mはソプラノとテノールの2声で軽やかにあらわれるが、この手法は大変好まれていた。44Mアルトの答唱や、49Mバスの答唱は、変応答唱（réponse plagale）になっているが、自然である。50Mからの対唱追迫も細かく丹念であるが、56Mの3、4拍めソプラノとバスの直行8度は、私は納得できない。

　56Mの近親調追迫以降はまったくすばらしい。56Mテノール、58Mソプラノ、60Mアルト拡大形、60Mソプラノ縮小形、62Mからアルトとバスの♩3拍のカノンがつづき、68Mから属音保続上でテノールとアルトの予備導入につづき、ソプラノと第1バスが♩2つ遅れで真正追迫。さらに73Mからソプラノとアルトが主音保続上で♩ひとつ遅れでカノンを聴かせる。

　ゆるみのない、感動的なフーガである。

### 5声の二重フーガ（作者不詳）（p.78）

　私は1980年にフランスを去り、日本に帰国したが、しばらくはクラスの後輩、級友たちが、生徒たちのフーガを送ってくれた。1982年の日付のある5声の二重フーガは、たぶんコンクールconcours（卒業試験）の作品だろう。

　3部から成っており、第1部は与えられた主唱によるフーガ、第2部は自作の主唱によるフーガ、第3部は2つの主唱が組み合わさった二重フーガという新しい形式であるが、バッハの作品に多く、私も多く試みた。

　**第1部（1〜48M）**　主唱（1〜4M）はh-mollからfis-moll。掛留を使い、どんどん上行する音域の広さが特徴である。答唱（5〜8M）はアルトでfis-moll→h-moll。対唱は答唱につかず離れずたくさんの掛留を伴う。9〜10Mはつなぎで、なかなか素敵なはじまり方だ。第3導入（11〜14M）もそのままの主唱、対唱の下に順次進行のバスがはまっている。第4（M15）第5（M19）導入もべったり書いているが、掛留をうまく使い、ややロマン派的な和声で処理している。

　第1間奏は短くやや機械的だが、ここから追迫部がつづき、テノール（25M　D-dur）ソプラノ（27M　D-dur）ソプラノ（30M　F-dur）アルト（31M　F-dur）バス（33M　E-dur）テノール（34M　e-moll）テノール（37M　fis-moll）アルト（38M　fis-moll）。そして42Mがヤマ場で、♩1つという至近距離で、主唱（バス）と対唱（ソプラノ）の真正追迫がなんと42〜46Mで出る。そのあと、コラール風な進行で48Mでfis-mollで終わる。

　**第2部（49〜83M）**　おそらく作者のオリジナルの第2主唱が出る。個性的な変わったメロディーで、50Mの長い線や51Mの器楽的音形を見ると、作者はオルガンかクラヴサン奏者かもしれない。

　52Mから第2テーマの答唱と、その対唱が2声で出る。56Mのあたりはゼクエンツで下行し、

57Mで第2主唱が低音で出るのを導くのもうまい。

61Mは第2フーガの間奏で、ゼクエンツと模倣がバッハ的である。64Mからは、第2フーガの平行調提示部で、67Mからが追迫部。テノール（67M　A-dur）ソプラノ（68M　E-dur）バス（69M　H-dur）ソプラノ（71M　cis-moll）バス（72M　cis-moll）とたたみかける。

76Mから再び主唱と対唱が2声で出てきて、美しい模様をみせつつ下行する。

**第3部（84～103M）**は2つの主唱の同時提示（superposition）による盛り上がりである。84Mソプラノに第1主唱、足鍵盤に第2主唱が見事に組み合わさる。90～91Mのカデンツァのあとで、コーダは92Mから属音保続の上で、93Mから第1主唱と第2主唱の同時提示（バスとソプラノ）、98Mからもバスとソプラノで同時提示、そして終わりに見事な対位法をみせて華やかに終わる。

# 学習フーガ ハ短調

解説 p.66

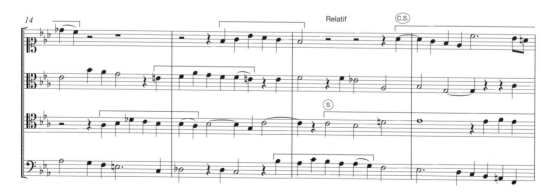

第5章 | フーガのさまざまな形式

# 第5章 | フーガのさまざまな形式

## パリ音楽院の中間試験の作品

解説 p.67

第 5 章 | フーガのさまざまな形式

注：原曲のまま。アルトとテノールの連続 8 度はやや目立つ。
ソプラノとアルト、ソプラノとテノールは反行なので可。

第5章 | フーガのさまざまな形式 77

# 5声の二重フーガ

解説 p.68

第 5 章 | フーガのさまざまな形式　　79

# 第6章
## フーガのさまざまな様式

バッハのフーガも、クラヴィーア用、オルガン用、声楽用（例：ロ短調ミサ）などでいろいろ違う。パリ音楽院でのstyle Bachはオルガン用、クラヴサン用、管弦楽用など、いろいろな様式の勉強をした。

また、style Bach以外でもstyle Mozart、Beethoven、Franck、Ravelなどのさまざまな様式のフーガを分析し、実習したのである。

ここでは、いくつかの曲を掲載する。やる気のある学習者は、私の習作と実際の巨匠たちの作品の研究のあとに、各人で主唱をつくり、styleのフーガに挑戦されることを望む。

### style Bach（オルガン・フーガ）(p.94)

主唱はたぶんビッチ先生の作である。付点と３Ｍの長い休符が特徴である。私はこの曲を何度か弦楽五重奏で演奏したが、この曲の主唱は弦楽向きかもしれない。

対唱では７Ｍ３拍目の倚音のファと８Ｍ１拍目のドと経過音シのぶつかり、第２導入のあと４小節の間奏があり、上２声がからんで上行し、低音域が空いたところにバスの主唱が入る（14Ｍ）効果などはバッハの模倣である。

第３導入のあと（18～20Ｍ）も間奏で ♩♫♩ のモチーフは18Ｍから来ている。第４導入（20～24Ｍ）はテノールとバスでうたわれる。その終わりは ♩♫♩ の掛留を伴うリズムで上行する。27～28Ｍでソプラノとアルトのカノンがあり、29Ｍからの平行調の提示部では、テノールの高い対唱とソプラノの軽やかな16分音符で透明な音色をねらっている。つづく平行調の属調提示では型通りの対唱をやめ、答唱がバス（33Ｍ）、ソプラノ（33Ｍ４拍）、テノール（34Ｍ）と３声のカノンをつくる。37Ｍからの第２間奏はバス、テノール、アルト、ソプラノと入ってくるが、倚音をうまく使っている。対唱のうしろの部分を使った間奏である。

43Ｍの第３提示部も学習フーガから逸脱していて、43Ｍの下属調提示部ではバスの主唱は反行形であらわれ、ソプラノの対唱（44Ｍ）も反行形である。47Ｍの下属調平行調提示部ではソプラノの反行形の主唱と、テノールの反行形の主唱のカノンが、対唱なしにあらわれる。

51Ｍ３拍目からテノールで第２主唱があらわれる。16分音符の軽快な主唱は、はじめソプラノの軽やかなメロディーと２声でうたわれるが、55Ｍからアルトで答唱が入り、59Ｍからg-mollでソプラノとアルトで第２主唱冒頭によるカノンがあり、61～62Ｍの盛り上がりはバッハの模倣である。63Ｍのテノールとソプラノによる第２主唱のカノンがある。68Ｍからが第３部で２つの主唱が重なる（フランス人たちはsuperposition［同時提示］と言っていた）。

この二重提示は３回あって、１回め（68Ｍ）は、第１主唱ソプラノ、第２主唱テノールでc-moll、２回め（73Ｍ）は第１主唱バス、第２主唱アルト、そして３回め（81Ｍ）は主調のd-mollで第１主唱バス、第２主唱ソプラノで、そういう調の構成も、ビッチ先生の指導であった。

77Ｍからの間奏では、第２主唱の冒頭の反行形が使われ、79～80Ｍでは内声に冒頭の反行形が使われている。85Ｍから盛り上がり、86Ｍの減七和音から87Ｍのコラールはバッハのオルガン曲（例えば《トッカータとフーガ》ニ短調 BWV565）の余韻がある。89Ｍから第２主唱のモチーフで盛り上げ、92～96Ｍは主音保続上のコーダでソプラノ（第１主唱の反行形）テノール（第２主唱の反行形）で曲をしめている。

## style Mozart（木管トリオのための）(p.99)

　ビッチ先生に与えられた主唱は、23Mのファゴットの２／２拍子のものであった。私の連想は、《魔笛》の５番の五重唱におけるパパゲーノの主題であった。

　私は提示部の前に22小節のAdagioの序奏を付けたが、主唱を効果的に出すための工夫である。オーボエの１〜６Mが主題、７Mでクラリネットがオクターヴ低く真似をし、10〜11Mで属調で完全終止する。11M以降は４手のためのソナタの名作K497の素敵な序奏の影響を受けている。K397の幻想曲にも似た転調がある。つまりDes-dur（16M）に行ってから、平行調のb-moll（18〜23M）に戻してB-durの主部を準備する。

　23Mでビッチ先生の主唱がファゴット、27Mでクラリネットに答唱、28Mでファゴットの対唱が一歩一歩上行する形、31M第３導入はオーボエである。

　第１間奏は35Mからの  というモチーフを使い、g-mollに転調する。

　42Mの第２提示部は、g-mollで主唱ファゴット、対唱クラリネット（43M）が出るが、後半はオーボエで主唱の反行形（上下逆）が出る。

　50Mからのオーボエは第２の対唱。53Mのファゴットがこの第２対唱をそのまま受け取る。56〜62Mの長いオーボエのテーマは第２主唱である。古典派のフーガは、ソナタのような構造を持つことも多く（K387のフィナーレのように）、このフーガもそれを真似て、ソナタの第２主題のように属調のF-durになっている。

　64〜72Mの長い第２間奏は、64Mのオーボエのモチーフ（第２対唱のモチーフ）が３つのパートに交互に出て、下属調（Es-dur）を導く。第３提示部の前半（71〜75M）は主唱（ファゴット）第１対唱（クラリネット）第２対唱（オーボエ）でEs-dur、後半（75〜79M）も主唱（オーボエ）第１対唱（ファゴット）第２対唱（クラリネット）でc-mollと近親調で３主題を組み合わせ、オーボエが主唱の反行形を奏してから88Mから間奏に入り、クラリネット（88M）オーボエ（91M）ファゴット（91M）と第１対唱の反行形を奏する。94Mからのつなぎは、主唱の冒頭のモチーフと第１対唱のモチーフによって構成される。101Mからの追迫部も３つの仕掛けがある。

**追迫１**（101〜108M）ファゴット（101M）クラリネット（103M）オーボエ（104M）の３声のカノン

**追迫２**（107〜113M）クラリネット（107M）ファゴット（108M、反行）オーボエ（109M、反行）の３声カノン

**追迫３**（114〜121M）ファゴット（114M）オーボエ（115M、反行または第２主題）クラリネット（118M、答唱）

　かなり細かい計算の上、おだやかに終止する。オペラの三重唱のように楽しい対話の音楽である。

## style Beethoven（弦楽四重奏曲のフーガ）（p.105）

　ベートーヴェンはフーガの傑作をたくさん書いた。弦楽四重奏曲のなかでも第9番op.59-3のフィナーレ、第14番op.131の冒頭、op.133の大フーガなども目立っているが、ピアノ・ソナタop.101、110のフィナーレ、op.106の巨大なフーガ、交響曲でも第3番の第2、4楽章、第7番の第2楽章、第9番のフィナーレなど部分的にもフーガによる盛り上げは多い。ミサ・ソレムニス op.126の一部や《ディアベリ変奏曲》のフーガも印象的である。ビッチ先生のテーマは、力強く、エネルギッシュで緊張感にあふれている。その内在するエネルギーをどのように解放するかが私の課題であった。

　第1部（1〜38M）につづいて、第2部（39〜51M）にオリジナルな第2主題Bがあらわれる。第3部（52〜79M）はビッチの主題AとBの反行による二重フーガである。第4部（80〜95M）はBの反行形がコラール風に奏され、BとAの二重フーガ（96〜109M）がつづく。109Mからの追迫部では、主唱の追迫（109〜114M）と反行形の追迫（114〜118M）がつづく。120Mからのコーダは2つの主題を用いている。

　はじめを見てみよう。チェロによる主唱は跳躍、アクセントなどの多いダイナミックなもので、5Mのヴィオラの答唱には、同じく跳躍や16分音符の特徴的な対唱が寄り添う。第2ヴァイオリンの第3導入13M2拍めは音域の関係で、ファ♯がラ♯に変えられている。

　14Mの第4導入につづき、18Mの第1間奏は4M終わりのコーダ（結句）部分が使われている。22Mのユニゾンをはさんで24Mからの平行調提示部、そして主唱の冒頭と対唱のリズムの組み合わせによる第2間奏（28〜38M）は、いろいろな調をめぐりd-mollのⅤに導く。

　第2主題B（39〜42M）は新しいテーマBによるコラール風な部分で、冒頭によるカノン（43〜46M）と反行カノン（47〜49M）が方々のパートで重ねられる。第1主唱の反行と第2主唱によるフーガが52Mから始まる。

　B-dur（52M）Es-dur（56M）B-dur（61M）Es-dur（66M）とつづき、はじめの10度跳躍をつづけてから、第1主唱の冒頭がつづき、76Mのユニゾンを通ってGes-durへ転調する。80MでGes-durで出る第2主唱の反行形によるコラールは、弦楽四重奏曲第16番op.135の第3楽章のエスプリの影響である。84Mから冒頭のモチーフが重ねられ、G-durに転調する。

　96Mからの第4部は第2主唱の反行形と第1主唱の二重フーガである。G-durの主唱（96M）答唱（100M）の2回の導入のあと、♩♪ という93〜95Mのチェロのモチーフを使って104〜107Mの対話、そして109Mからまた第1主唱の冒頭がヴィオラに出て110Mから主唱のカノン、114Mから主唱反行形のカノン、120Mから第2主唱のカノン、127Mから第1主唱の4声のカノン、131Mから第1主唱の4声体が両外声反行形で出て、型通りのカデンツで終わる。

## style Schumann（弦楽四重奏のための二重フーガ）（p.112）

　フランス人はなぜかローベルト・シューマンが好きで、「和声学」でも19世紀のロマン派について語るとき、ショパンやワーグナーではなく、シューマンの例を持ち出すことが多い。第1主唱は、ビッチ先生から与えられたものである。

　これは実はビッチ先生の作でなく、シューマン自身のオリジナルな主唱である。
　シューマンはよくバッハを師とあおぎ、その作品を研究し、模作しながら作曲を学んだが、オルガンまたはピアノ2声、4声のために多くの小フーガを残しており、その中のひとつである。しかし私は作曲当時、そのことを知らなかった。私がモデルにしたのは有名なピアノ五重奏曲 op. 44の第2楽章である。この暗い葬送行進曲は、対比的に明るいC-durのトリオを持っている。

　このテーマに似せて私の作った第2主唱に、第1主唱のS（主唱）、R（答唱）、S、Rが重なる設計図を載せる。私の第2主唱は○であらわしたものである。終わりにニ短調で出て、下記のように第1主唱と重なる。

　はじめにこういう主題ができてしまえば、あとは楽である。
　はじめから見ていく。S（チェロ、1M）、R（ヴィオラ、3M）、S（第2ヴァイオリン、5M）、R（第1ヴァイオリン、8M）。対唱がチェロ（4M）、ヴィオラ（6M）、第2ヴァイオリン（9M）。主唱の特徴は＞のついた3つの4分音符と、後半のうねるような16分音符。対唱は

前半に掛留と♩♪♪のリズムを含んでいる。

　第1間奏（11〜14Ｍ）は、第1ヴァイオリンの16分音符の音型で始まるが、モチーフも細やかな和声の進行も、第4交響曲の第1楽章からとったものである。12Ｍでヴィオラにモチーフが移り、チェロと第2ヴァイオリンの対話が、ヘ長調を導く。

　第2提示部は、ヴィオラ　ヘ長調で主唱（14Ｍ）、第1ヴァイオリンに対唱（15Ｍ）、第2ヴァイオリンに答唱（17Ｍ）、チェロに対唱（18Ｍ）と型通り。第2間奏は20〜25Ｍ。対唱の後半の要素を使っているが、この♩♪♪♩♪♪というリズムはシューマンの好みのもので、伴奏の♪♩♩♩♪のリズムと補完関係になる。

　23〜25Ｍは半音階的な和声を使いつつ、第3提示部（25〜35Ｍ）へ。ここは第1部を締めくくるストレッタになっていて、主唱反行（25Ｍ、第1ヴァイオリン、g-moll）、1拍遅れで答唱（26Ｍ、ヴィオラ、g-moll）、9拍遅れで主唱反行（28Ｍ、チェロ、c-moll）、2拍遅れで答唱？（28Ｍ、第2ヴァイオリン、g-moll）といろいろなヴァラエティーを持って入ってくる。後半31Ｍの3拍節めからは、4声が同じリズムで主唱を変形させるが、c-mollを通って、B-durのⅤで終わる。

　第2部は35Ｍの後半から、前述の第1主唱と組み合わせる第2主唱のメロディーが出る。伴奏型や性質はピアノ五重奏曲op.44第2楽章のトリオを模している。原曲では暗い葬送行進曲と対比的にC-durのやわらかい響きが出るが、私の曲ではB-durの明るいドミナント（35Ｍの1拍目）とg-mollのやわらかい暗い色調の第2主唱が対比する。私の第2主唱は前述の組み合わせの○の音、d-mollをg-mollにして和声を付けたものである。

　38Ｍチェロのはじめのシ♭（経過的倚音）、40Ｍチェロの2拍目のラ（掛留音）、41Ｍチェロの1拍目のソ（7音）など、及び50〜53Ｍの進行はさまざまなロマン派の作曲家の語法（例えばチャイコフスキーの《ロココの主題による変奏曲》op.33）を使っている。

　第3部（54Ｍ後半から）再びAllegroで第1主唱のストレットにはじまり、第1、2主唱の同時提示（superposition）が山場をつくる。

　a-mollのＳ（54Ｍヴィオラ）、Ｒ（55Ｍ第2ヴァイオリン）、Ｓ（58Ｍ第1ヴァイオリン）、Ｒ（59Ｍチェロ）の順でストレットであるが、間隔も8、6、4拍とだんだん短くなっている。

　60Ｍから反行のストレッタであり、Ｓ（60Ｍ第2ヴァイオリン、e-moll）、Ｓ（61Ｍ第1ヴァイオリン、a-moll）、Ｓ（61Ｍヴィオラ、d-moll）、Ｒ（62Ｍチェロ、d-moll）とつづくが、間隔は3、3、3拍である。62Ｍのチェロを63Ｍのヴィオラが模倣する。チェロのソ（C-durのⅤ音）保続上（66〜69Ｍ）に第1ヴァイオリンと第2ヴァイオリンが、主調の冒頭によるカノンをくり返し盛り上がる。70Ｍのフレーズで3拍めでd-mollのⅤに導いたのち、70〜81Ｍのクライマックスになる。前述の設計図のようにＳＲＳＲと第2主唱を和声付けしたものが、同時提示される。

　81Ｍの後半からコーダである。81Ｍの第2ヴァイオリンで第1主唱の後半のモチーフが出て、83Ｍの第1ヴァイオリンでくり返しつつ、84Ｍで11Ｍを回想するような自由唱が第1ヴァイオリン→ヴィオラ→チェロと受け渡される。87Ｍからのassez lentoでは、終わりに第1主唱が和声付けされて弱奏で1回回想されて終わる。

## style Franck（弦楽四重奏のための二重フーガ）（p.118）

　セザール・フランクへの評価は、フランスでもまちまちであった。

私の師、シャラン先生もビッチ先生も深い敬愛をこめて、フランクの音楽や和声について語ったが、彼らのフォーレやドビュッシーの音楽への愛情に比べると、やや温度差があるように私には感じられた。フランクは周知のようにフランス楽派であるが、フランス人ではなくワロン人であり、その音楽はバッハ、ベートーヴェン、リスト、ワーグナーらの深い影響を受けている。

　音楽や和声の色彩も、マショー、デュファイ、ジョスカンというようなフランドル楽派の影響を受け、画家で言えばメムリンク、ロヒール・ヴァン・デル・ウェイデン、ヤン・ファン・アイクらの宗教画の色彩を私に連想させる。その和声法は個性的、魅力的であり、とくに有名なヴァイオリン・ソナタ、ピアノのための《前奏曲、コラールとフーガ》《前奏曲、アリアと終曲》、交響曲　ニ短調、弦楽四重奏曲　ニ長調、オルガン用《3つのコラール》等の名作を調べると大きな発見がある。

　バッハに心酔していただけあってフーガも多いが、プレリュードやコラールとの動機の関連性があることが多いものの大きな改革はない。

　このフーガはビッチ先生のクラスのクラス内試験（Mise en loge）で書いたもので、先生はstyle Bachとstyle Franckの2つの主唱を持って来られ、どちらかを書くように言われたのだが、10人弱のクラスでstyle Franckを選んだのは私だけであり、たいていの学生にとって熟知したstyle Bachのほうが書きやすかったのもうなずける。

　曲の主唱はビッチ先生のもので（1～5Mのヴィオラ、g-moll）。1Mの半音の刺繍音は、ヴァイオリン・ソナタや交響曲にも出てくる抑揚。2Mの減5度の不安定な響きもフランク的。3Mの倚音の連続に3～4Mのd-mollの転調が特徴。5Mの結句（coda）は3Mの音型と対応する長2度上からの倚音である。

　答唱（6M、第2ヴァイオリン、d-moll）、主唱（11M、第1ヴァイオリン、g-moll）、答唱（16M、チェロ、d-moll）とつづく。答唱は、はじめの第V音が変応している。対唱（7Mヴィオラ、12M第2ヴァイオリン、17M第1ヴァイオリン）はいずれも結句の自然な流れにつづいて入ってくる。

　20～25Mは、第1間奏。結句のモチーフがチェロと第1ヴァイオリンの対話で出て、B-dur（25M）に向かう。減七と倚音がフランク的。24～25Mはやや遠い転調。

　第2提示部（26～30M）は第1ヴァイオリンに主唱、B-dur。30～34Mはヴィオラで答唱、F-dur。

　和声は長属九の和音を多用し、ヴィオラに重音を多用している。26～28Mおよび30M～31Mは半音階的和声。

　34～41Mは第2間奏。主唱の3小節めの倚音のモチーフを使っている。39～41Mの転調は半音階的で強引だが、フランク的である。

　42～52Mの第3提示部はc-moll、Es-durと、一応型どおりの調に従っているが、c-mollの部分（42～46M）は対唱を使わず、主唱による自由な3声のカノンであり、チェロのc-mollに対し、ヴィオラと第1ヴァイオリンはf-mollでカノンをつづけ、47～52MはEs-durでほとんど第1ヴァイオリンの自由な歌に対し、$V_9$や刺繍和音による後期ロマン派風和声付けで、静かな前半の終止になる。

　52Mから短い中間部、第2の主唱による第2のフーガが始まる。この主唱は私の作である。

52Mから主唱（第2ヴァイオリン、Es-dur）、56Mから答唱（ヴィオラ、B-dur）と2回導入される。前の部分との対比のため、伴奏の和声も簡素で対唱もない。60〜68Mは一種の間奏で、第2主唱の断片や反行形を使いつつ転調をする。

82Mからの追迫がこの曲のヤマ場である。2つの主唱の同時提示は3回あって、1回め（82〜86M）g-mollでヴィオラが第1主唱の反行形を出し、♪3つ遅れでチェロが第1主唱、さらに♪3つ遅れで第1ヴァイオリンが第1主唱を奏する。2回めは94〜98M。第1ヴァイオリンがg-mollで第1主唱をうたい、ヴィオラの第2主唱が重なる。3回め（98〜102M）は、第1ヴァイオリンの第2主唱と第2ヴァイオリンの第1主唱が重なる。半音階的和声に工夫がある。

終わり（105〜114M）はコーダである。第1主唱の反行形がヴィオラ（105〜108M）と第1ヴァイオリン（109〜112M）でpizz.を伴ってしずかにうたわれる。フランクの実際の作品では彼の悲しげなテーマでもmollで終わることは少なく、durで無理をしても神の栄光をたたえて明るく終わる。しかし、ここでは私の考えで暗く弱奏で終わらせた。とはいえ、終わりはG-durでこの和声はヴァイオリン・ソナタの第1楽章の終わりからとったものである。

（以上、山口記）

### style Ravel（弦楽四重奏のフーガ）（p.124）

ラヴェルは《ピアノ三重奏曲》や《子供と魔法》等、様々な曲の中に一部フーガ的な技法を用いているが、彼が残した純粋なフーガは、ローマ賞応募作を除き《クープランの墓》第2曲〈フーガ〉ただ1曲である。このフーガにおいて最も特徴的なことは、フーガというバロック音楽を代表する様式を、バロック以前に用いられていた旋法を用いて作曲したことである。調性のエネルギーとストレット等の対位法技法によって緊張を作り出す元来のフーガに対して、ラヴェルは旋法を用いることで、より微細な色彩を表そうとした。一部調性的な部分もあるが、それはあくまでも旋法との対比により色彩の差を出そうとしたものである。一貫した3声、クライマックスにおいて敢えてピアニッシモを指定すること、緻密に計算された黄金分割、狭い音域といった様々な抑制、そして「フーガ」というとりわけ抑制された様式を用いることで、彼は微細な色彩と線の絡み合いの聴取を見事に成功させている。

私は上記のような《クープランの墓》のフーガに見られる特徴、またそれが作曲されたラヴェル中期の作品にみられる語法を用い、このフーガを作曲した。全体の構造は2部から成っており、第1部は自作の主唱Sujetによる提示部、第2部は追迫部となっている。

### 分析

#### 第1部・提示部（1〜66M）

1〜20Mは第1提示部。主唱（1〜5M）はシを終止音としたエオリア旋法、あるいは第6音を用いていないためドリア旋法とも取れる。これは意図的なもので、《クープランの墓》のフーガ同様、他の声部の重ね方によって主唱が様々に変容できるよう第6音を欠如させた。答唱（5〜10M）はファ♯を終止音とする。ここでは対唱にレがあるためエオリア旋法になっている。上行する、歌うような旋律の主唱に対し、対唱はアクセントやスッタカートを使った動きがあり、下行する音型。5〜6Mに連続5度が出来、答唱と対唱は度々2度や7度の音程でぶつかるが、

これも style Ravel の特徴である。続いてヴィオラ、チェロがそれぞれ主唱と答唱を導入し4声になるが、4声全体はシ、ファ♯を終止音としたエオリア旋法の和声で、7や9の和音を独立させて扱っている。第1間奏（嬉遊部、21～24M）は対唱を使い、全体の音域を少し下げていく。

25～34Mは第2提示部。レを終止音としたイオニア旋法の主唱（24～29M）とラを終止音としたイオニア旋法の答唱（29～34M）が導入する。長調系の旋法に加え、低い音域の弦楽器の音色で、音楽に温かみが増す。第2間奏（35～40M）も第1間奏同様対唱を使うが、ここで初めて半音階の要素が登場し、少しドラマティックになる。

41～50Mは第3提示部。チェロによって導入される主唱（40～45M）は反行形で、ラを終止音とし、エオリア旋法からドリア旋法に転旋して微妙に色彩を変える。ヴィオラから第2ヴァイオリンに受け渡される対唱（42～45M）も反行形である。答唱（45～50M）もまた反行形で、レを終止音としたドリア旋法。チェロのラまで下がった音域を次第に上げていく。第3間奏（51～66M）はかなり高い音域から始まり、58Mまでは対唱を使って次第に音域を下げていく。和声は半音階的な偶成和音や平行和音を用いた複雑なものとなる。バスが全音音階で下行してクライマックスを導く（53～58M）のは、ラヴェル中期の作品によく見られる方法。バスがチェロの最低音であるドに到達してクライマックスを築く（59～63M）。チェロはドの保続を開放弦を使って華やかに装飾し、その上で2本のヴァイオリンが対唱後半の反行形を、ヴィオラは主唱の頭を用いて上行していく。和声はドの倍音音階を基本としている。63Mでバスが増4度進行で主調の属音であるファ♯に進み、これが属音保続にあたる。4声はそれぞれ対唱の前半と後半を用いながら下行し、ディアトニックなプレーンさを取り戻す。

## 第2部・追迫部（67～108M）

67～71Mは第1追迫部。冒頭と同じシを終止音としたエオリア旋法の主唱（66～71M）を、長2度下の音程で主唱（68～72M）が追いかける。72～73Mは対唱を使った短い間奏。

74～78Mは第2追迫部。主唱反行形（73～78M）を長2度上の音程で主唱反行形（75～79M）が追いかける。79～81Mの間奏は対唱の反行形を使っている。

82～86Mは第3追迫部。旋法的な第1・第2追迫部と対を成すように、第3・第4追迫部では調性の色彩が用いられる。e-mollの主唱（81～86M）を主唱反行形（82～86M）が追いかける。86～87Mの間奏では対唱と対唱の反行形が使われる。

88～91Mは第4追迫部。h-mollの主唱（87～91M）を主唱反行形（88～91M）が追いかける。92～99Mは結尾を導く少し長めの間奏。95Mまではh-moll的な和声で、対唱の前半とその反行形を使って下行する。96Mからはシを終止音としたドリア旋法で、対唱の後半の反行形を使って上行していく。

100～108Mは結尾追迫部。シを終止音としたエオリア旋法の主唱（99～104M）から、主唱、答唱、主唱、答唱の順に4声のストレットが行われる。その後、対唱反行形のストレットで曲は終わる。

（川崎真由子）

# style Bach（オルガン・フーガ）

解説 p.86

# style Mozart（木管トリオのための）

解説 p.87

# style Beethoven（弦楽四重奏のフーガ）

解説 p.88

下のファ♯のはずだが、音域外なのでラ♯にした
*(divertissement sur la fin du sujet)*

第 6 章 | フーガのさまざまな様式　　107

第6章｜フーガのさまざまな様式　109

第6章 | フーガのさまざまな様式　111

# style Schumann（弦楽四重奏のための二重フーガ）

解説 p.88

Allegro (♩=88)

第6章｜フーガのさまざまな様式　115

第 6 章 | フーガのさまざまな様式　　117

# style Franck（弦楽四重奏のための二重フーガ）

解説 p.90

**Andantino**

第6章｜フーガのさまざまな様式　　121

第6章｜フーガのさまざまな様式　　123

# style Ravel(弦楽四重奏のフーガ)

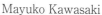

Mayuko Kawasaki

第 6 章 | フーガのさまざまな様式　　125

## p.22〜p.23の主唱に対する調的答唱と真正追迫の組み合わせ

連続8度ができるのでレ♭をシ♭に変えた

st. v. のときここを変える

# 主唱集

## パリ音楽院のコンクールで与えられた主唱

## ローマ大賞のためのコンクールの予備試験で与えられた主唱

## デュボワ氏の主唱

## いろいろな主唱

## 日本人の作曲家による主唱

出典

1. 〜 17.

Th. Dubois. 1901. *Traité de contrepoint et de fugue.* Paris: Heugel.

18. 〜 27.

池内友次郎　1977　『学習追走曲』　東京：音楽之友社

## おわりに

　私の恩師、島岡譲先生、M.ビッチ先生から学んだことをもとに本書は書かれた。ただし、1968年以後のパリ音楽院の教育には様式別のフーガ書法を学ぶという点があり、そのような視点でのフーガの本は、本書がはじめてかもしれない。

　学生時代の私は自分の好きな古典の名曲、J. S. バッハ、モーツァルト、ベートーヴェン、シューマン、フランク、ラヴェル等のフーガを学びつつ、幸福な気分でフーガ学習をすすめた記憶がある。

　ただし、難しいのは様式和声にも様式フーガにも限界があり、大作曲家の様式は時代とか美学と深く結びついているものなので、美的な共感なしに語法のみ真似しても無意味かもしれない。

　上記の作曲家以外に、リスト、ブラームス、レーガー、ルセル、バルトーク、ストラヴィンスキー、メシアン、ショスタコーヴィチらのstyleのフーガも研究に値するかもしれない。（ビッチ先生のクラスでは、フランス人の級友がマーラーの第5交響曲の終曲をフーガの一種として分析し、先生が苦笑されていたのを思い出す。）

　また、J. S. バッハのすべての作品とともに、バッハの同時代人や先人たちの対位法的な作品のなかにも、すばらしいフーガのアイデアが満ちているので研究されたい。

　エクリチュールécritureの学習は、よくできる学生たちでも規則を守ることと外面的な模倣に終わることが多いが、様式和声や様式フーガにおいては、とくに内在するエネルギーやエスプリespritにも留意したい。

　本書は2015年3月にできあがる予定であったが、私の健康上の理由で遅くなったことを音楽之友社の方々、とくに岡崎里美さん、上田友梨さんにおわびしたい。主唱の掲載を許してくださった諸先生方に御礼したい。フーガ作品を載せさせてくださった川崎真由子さん、市川景之先生にも御礼したい。

　モーツァルトの妻に似て、なぜかフーガ好きの妻に本書をささげる。

2015年12月

山　口　博　史

◎著者紹介
## 山口博史（やまぐち・ひろし）

立教大学卒業。1971年より島岡譲氏に和声、フーガを師事。1973〜80年パリ国立高等音楽院に留学。1975年和声首席1等賞、1976年対位法首席1等賞（ノエル・ギャロン賞）、1977年フーガ1等賞。シャラン、アンリ、ビッチ、カステレード、コンスタンの各氏に師事。
作品に幸田弘子氏朗読のための『ちいさな王子』の音楽（JP WonderlandよりCD）、著書に『厳格対位法　第2版──パリ音楽院の方式による』、『バッハ様式によるコラール技法──課題集と60の範例付き』、国立音楽大学編『ソルフェージュ』シリーズ（以上、音楽之友社）、全音ポケットスコアの解説・分析（全音楽譜出版社）がある。
1980年より国立音楽大学音楽学部作曲科で教鞭をとる。2015年3月まで同大教授。1981年より東京藝術大学音楽学部ソルフェージュ科講師。2015年4月より上野学園大学客員教授。

## フーガ書法
### パリ音楽院の方式による

2016年2月10日　第1刷発行
2022年9月30日　第2刷発行

著　者　山口博史
発行者　堀内久美雄
発行所　株式会社音楽之友社
〒162-8716
東京都新宿区神楽坂6-30
電話03(3235)2111（代）
振替00170-4-196250
https://www.ongakunotomo.co.jp/

装丁：サトウデザイン室（佐藤朝洋）
組版・楽譜浄書：株式会社スタイルノート
印刷：藤原印刷株式会社
製本：株式会社ブロケード

ISBN978-4-276-10546-1  C1073
本書の全部または一部の無断複写・複製・転載は、著作権法上の例外を除き禁じられています。また、本書を代行業者などの第三者に依頼してコピー、スキャンやデジタル化をすることは、個人的な利用であっても著作権法違反となります。
Printed in Japan
落丁本・乱丁本はお取り替えいたします。
©2016 by Hiroshi YAMAGUCHI